Gestaltung Umschlag: Dora Eichenberger-Hirter, Birrwil
Gestaltung Inhalt: Ursula Mötteli, Grafikdesign, Aarau
Foodbilder: Roland Glättli, Zürich
Coverbild: Bildagentur Baumann AG, Würenlingen
Lithos: Neue Schwitter AG, Allschwil
Satz und Digitalvorlagen: Kneuss Print AG, Lenzburg
Druck und Bindung: Neue Stalling, Oldenburg

ISBN 3-907108-42-6

Thuri Maag

Eiscreme selbermachen

aus natürlichen Zutaten

FONA

EINFÜHRUNG

Vorwort	7	Selbst gemachtes Eis hat keine Konkurrenz
Eis-Abc	8	

REZEPTE

Sorbets	18	aus Beeren
	22	aus Früchten
	28	auf Blütenbasis
	31	aus Tee
	32	auf Alkoholbasis
Eiscreme	34	ohne Eier
	38	klassisch (auf Eibasis)
	41	mit Quark
	42	mit Jogurt
	44	Kinderdesserts
Parfaits	46	Halbgefrorenes
Eiskreationen	52	
Spezialitäten	58	Soufflé
	60	Geeiste Zabaione auf Weinbasis
	61	Kaffee

Alle Zutaten sind für 4 Personen berechnet

Abkürzungen

EL	Esslöffel	l	Liter
KL	Kaffeelöffel	ml	Milliliter
g	Gramm	dl	Deziliter

Selbst gemachtes Eis
hat keine Konkurrenz

Es sei nicht zuviel versprochen. Eine kulinarische Sternstunde erwartet all jene, die den ersten Schritt wagen und ihr Eis selber herstellen: Sorbets und Eis, die uns mit dem untrüglichen Aroma von frischen Beeren und Früchten, von feiner Schokolade und feinem Karamell ... verwöhnen. Selbst gemachtes Eis zergeht auf der Zunge und hinterlässt im Gaumen keinen unangenehmen Geschmack. Sorbets und Eis passen gut in die Naturküche. Die kalten Köstlichkeiten – wenn Früchte im Spiel sind – werden ausnahmslos aus Saisonprodukten hergestellt, und dies zwölf Monate im Jahr. Der Aufwand ist klein, das Resultat überzeugend: selbst gemachtes Eis hat keine Konkurrenz.

Eis-Abc

Abricotine
Destillat von Aprikosen

Akazienhonig
Äußerst geschmacksneutraler Honig. Hoher Fruchtzuckergehalt. Flüssiger Blütenhonig. Dank mildem, relativ neutralem Geschmack besonders gut geeignet für Sorbets (außer Sorbets auf Blütenbasis), Eiscremes, Parfaits usw. Idealer Ersatz für weißen Zucker.

Armagnac
Edler Weinbrand aus Südwest-Frankreich. Wird wie Cognac hergestellt.

Aromastoffe
Natürliche Aromaträger sind Früchte, Nüsse, Kräuter mit starkem Eigengeschmack, Kakaopulver, karamellisierter Zucker, Gewürze wie Ingwer, Zimt, Vanillemark usw.

Batida de Coco
Brasilianischer weißer Kokosnusslikör

Blue Curaçao
Blauer Orangenlikör

Cassis
Saft der schwarzen Johannisbeere. Erlangte dank dem gleichnamigen Likör und dem Kir Royal (Cassislikör mit Champagner) Weltruhm.

Chantilly
Gesüßte(r), mit Vanille leicht aromatisierter Schlagrahm/ Schlagsahne

Cointreau
Likör auf der Basis von Orangenschalen

Cognac
Aus Wein gewonnener edler Weinbrand. Im Eichenfass gelagert und gereift. Der Name «Cognac» ist geschützt. Nur Weinbrand aus den Departementen Charente und Charente Maritime (F) darf den Namen verwenden.

Couverture

Schokolade mit hohem Fettanteil und deshalb leichter zu verarbeiten. Erhältlich im Fachgeschäft, in der Konditorei und in der Bäckerei.

Crème fraîche

Dickflüssiger Sauerrahm/saure Sahne mit hohem Fettanteil (30–40%). Eine Gaumenfreude ist unpasteurisierter Sauerrahm/saure Sahne ohne Zusatzstoffe.

Eis, hart

Zu geringer Zuckeranteil

Eis, weich

Zu großer Zuckeranteil

Eisbombe

Eine oder mehrere Eissorten werden in einer Halbkugel (Eisbombe) gefroren.

Eismaschine

Soll ein Eis cremig und von luftiger Konsistenz sein, dann benötigt man eine Eis- oder Sorbetmaschine (Ausnahmen: Parfait, Eissoufflé, geeiste Zabaione, aus gefrorenem Fruchtmark hergestelltes Sorbet/Eis). Im Tiefkühler hergestelltes Eis kann bei erstklassigen Rohprodukten geschmacklich befriedigen, auf der Zunge sind die vielen großen Eiskristalle aber sehr störend und bereiten wenig kulinarischen Genuss.

Eismaschine (Kauf)

Bevor man sich im Elektro- oder Spezialgeschäft umsieht, die eigenen Bedürfnisse abklären:

1. Wird die Eismaschine häufig oder nur sporadisch gebraucht?
2. Volumen des Eisbehälters.
3. Verfügbarer Raum im Tiefkühler: Es sollte genügend Platz vorhanden sein, um das Kühlelement/die Kühlelemente im Tiefkühler aufbewahren zu können. Nur so kann man spontan und in kurzer Zeit ein Eis zubereiten. Der für das Element benötigte Platz wird später für das Eis gebraucht. Das Eis muss in den allermeisten Fällen im Tiefkühler nachgefroren werden (es hat normalerweise die Konsistenz von Softice), wenn man es mit einer Eiszange oder einem Eislöffel portionieren will. Im Handel sind auch Eismaschi-

nen zu finden, die ohne Kühlelemente arbeiten (wesentlich teurer) und auch Maschinen für Profis, die ein noch luftigeres Eis in kürzerer Zeit garantieren.

Flambieren

Parfaits oder Soufflés mit hochprozentigem Alkohol (Cointreau, Grand Marnier usw.) übergießen und anzünden.

Fruchtmark (aus gekochten Früchten)

Stein- und Kernobst je nach Rezept und Fruchtart schälen, entkernen oder entsteinen. Ohne Wasserzugabe (je nach Rezept mit oder ohne Zucker) weich garen. Früchte pürieren und durch ein rostfreies Sieb (Chromstahlsieb) streichen.

Fruchtmark (aus frischen Früchten)

Frische Beeren (Brombeeren, Heidelbeeren, Himbeeren, Holunderbeeren, Stachelbeeren, Erdbeeren, Johannisbeeren) pürieren und durch ein rostfreies Sieb (Chromstahlsieb) streichen. Im Sieb bleiben Häutchen und Steinchen zurück. Roh verarbeiten lassen sich auch Melonen, Bananen, Kiwis, Birnen, Orangen, Passionsfrüchte.

Fruchtpüree/Fruchtsauce

Rohe und gekochte Früchte gleich wie Fruchtmark zubereiten. Wird als Sauce verwendet (um einen Spiegel auf den Teller zu gießen oder um das Eis damit zu überziehen).

Fruchtsaft

Saft von Zitrusfrüchten (Orangen, Mandarinen, Nektarinen, Zitronen)

Früchte, frische

Frische Früchte gibt es das ganze Jahr über. Bei der Herstellung von Eis das saisonale Angebot berücksichtigen: Eis aus reifen Saisonfrüchten hat mehr Aroma und ist außerdem preisgünstiger.

Früchte, gefrorene

Tiefkühlprodukte verlieren bei der Lagerung kontinuierlich an Aroma. Deshalb: gefrorene Früchte und Beeren nicht zu lange lagern. –
Für die Eisherstellung Beeren am besten vor dem Gefrieren pürieren und durch ein Sieb streichen. Gefrorenes Fruchtmark im Mixer/Cutter pürieren. Zucker, Rahm/süße Sahne und Gewürze unterrühren. Servieren (nicht mehr gefrieren).

Früchte, eingemachte

Konservierte Früchte – unabhängig von der Einmachmethode – verlieren durch die Haltbarmachung und Lagerung an Aroma. Deshalb: eingemachte Früchte nicht zu lange lagern. – Für die Eisherstellung Früchte gut abtropfen lassen, Weiterverarbeitung: siehe Fruchtmark/Fruchtpüree aus rohen Früchten.

Gefrierdauer

Die Gefrierdauer ist abhängig von der Temperatur der verwendeten Zutaten (sie sollten nach Möglichkeit Kühlschranktemperatur haben). Bei Verwendung einer Eismaschine spielt auch die Zimmertemperatur eine Rolle. Je höher die Raumtemperatur, desto länger dauert der Gefrierprozess.

Gewürztraminer

Weintraube mit viel Geschmack. Wein ist körperreich und hat ein unverwechselbares Bukett. Ideal für Sorbets und warme Desserts.

Granité

Körniges Wassereis aus Fruchtsaft oder anderen Getränken. Eine der ältesten und einfachsten Eisspezialitäten. Ursprünglich wurde zerkleinertes Natureis (oder im Winter Schnee) mit Fruchtsaft übergossen. In der Karibik und im Orient bieten Eisverkäufer heute noch vom Block geschabtes Eis mit farbigem Sirup in den Straßen an.

Granité au Champagne

Ein tiefes Geschirr (am besten ein Chromstahlgeschirr) mit Puderzucker bestäuben. Champagner 2 cm hoch einfüllen und gefrieren lassen. 2 bis 3 mal stündlich umrühren. Das Champagnereis mit einem Löffel abschaben und in vorgekühlte hohe Gläser füllen. Mit wenig gekühltem Champagner übergießen.

Grand Marnier

Likör auf der Basis von Orangendestillat und Cognac

Haltbarkeit

Das Eis immer in einer gut schließenden Tiefkühldose aufbewahren. Eine lange Tiefkühlzeit sollte vermieden werden, da Eis aus natürlichen Zutaten, frei von Zusatzstoffen (siehe Zusatzstoffe), bei längerer Lagerung sein ausgeprägtes Aroma verliert. Durch den Feuchtigkeitsverlust (alle Tiefkühlprodukte sind davon betroffen) wird das Eis spröde.

Honig

Der Honig hat je nach Sorte einen mehr oder weniger ausgeprägten Eigengeschmack. Die «Toleranzgrenze» ist fließend. Grundsätzlich kann gesagt werden: der äußerst geschmacksneutrale Akazienhonig aus Wildblüten kann außer für Blütensorbets (für Blütenaromas ist er zu dominant) für alle Eissorten verwendet werden. Für Eiscreme (mit Früchten und Aromastoffen) lohnt sich auch ein Versuch mit Blüten- und Waldhonig, um die persönlichen Vorlieben kennenzulernen. Nachteile: Durch das Erhitzen werden die wertvollen Inhaltsstoffe weitgehend zerstört. Der Honig ist im Vergleich zu Kristallzucker teuer.

Ingwer

Hellbraune Wurzel aus Asien. Erhältlich in Frischkostläden und auch in Supermärkten. Frischer Ingwer ist zart, ältere Wurzeln sind ziemlich grobfaserig. Fein gerieben entwickelt er sein bisweilen scharfes Aroma am besten (Bircher-Rohkostreibe).

Japonaisgebäck

Luftiges Eiweißgebäck aus geriebenen Haselnüssen oder Mandeln. Kleiner Mehlanteil.

Karamell

Zucker in einem hoch erhitzbaren Topf (ideal ist eine Gusseisenpfanne) unter Rühren flüssig werden lassen, weiterrühren, bis die Masse haselnussbraun ist. Zu lang und zu hoch erhitzter Karamell schmeckt bitter.

Keimvermehrung

Vor allem Eiscreme auf Milchprodukte- und Eibasis bietet einen guten Nährboden für die Keimvermehrung. Dagegen hilft: 1. Auf absolut sauberes Geschirr achten. 2. Erhitzte Zutaten im Eiswasser (Wasser mit Eiswürfeln) abkühlen und zur weiteren Kühlung zugedeckt in den Kühlschrank stellen. 3. Das Eis bei nicht sofortiger Verwendung in eine gut schließende Tiefkühldose umfüllen und in den Kühlschrank oder in den Tiefkühler stellen. 4. Selbst gemachtes Eis möglichst rasch aufbrauchen.

Kühlaggregate (Eismaschine)

Kühlaggregate im Tiefkühler aufbewahren. Nur so kann man spontan ein Eis zubereiten.

Marc

Destillat aus vergorenem Traubentrester

Marie Brizard

Likör mit Anisaroma. Zum Parfümieren von Parfaits.

Marillenschnaps

Österreichische Bezeichnung für Aprikosenschnaps

Marsala

Süßlicher Aperitif- und Dessertwein aus Sizilien (bis zu 18% Alkoholgehalt)

Meringuemasse

Schaumgebäck aus Eischnee und Zucker. Die Eiweißmasse entweder mit einem Spritzsack (Sterntülle) auf ein mit Backpapier belegtes Blech spritzen oder mit einem Esslöffel große Tupfen auf das Papier setzen. Im Ofen bei 70 bis 100 °C langsam trocknen lassen.

Milch

Frischmilch oder pasteurisierte Milch verwenden. Je höher der Fettgehalt der Milch (Vollmilch) ist, desto feiner und cremiger wird das Eis.

Nougat

Masse aus gerösteten, geriebenen Mandeln oder Haselnüssen sowie Honig, Zucker und Kakaobutter.

Omelette surprise

Biskuitboden auf eine feuerfeste Platte legen. Mit Likör beträufeln. Fruchtsalat darauf verteilen. Eiscreme oder Sorbet pyramidenförmig darauf anrichten. Mit Eischnee bedecken. Glatt streichen und garnieren. Im vorgeheizten Ofen auf Grillstufe kurz überbacken.

Parfait

Halbgefrorenes. Lässt sich problemlos ohne Eismaschine herstellen. Normalerweise auf Eibasis. Die Eier werden zusammen mit dem Zucker zuerst warm (im heißen Wasserbad) und dann kalt (Wasser mit Eiswürfeln) luftig aufgeschlagen. Weitere Zutaten sind Schlagrahm/Schlagsahne sowie Früchte oder Nüsse oder Likör oder Wein oder Schokolade.

Passieren/Durchdrücken

Siehe Spitzsieb

Pêche Melba

Eine der berühmtesten und besten Eisspezialitäten, würde man sie nach dem Originalrezept von G. Auguste Escoffier zubereiten: «Man nehme gut reife weiße Pfirsiche, tauche sie in kochendes Wasser, schrecke sie sofort im Eiswasser (Wasser mit Eiswürfeln gekühlt) ab und schäle sie vorsichtig» (nur unreife Früchte kochte Escoffier in einem leichten Zuckersirup). Die halbierten Pfirsichhälften auf Vanillerahmeis anrichten und mit frischem gesüßtem Himbeerpüree übergießen. Die Süßspeise verdankt ihren Namen der Tänzerin Nelly Melba. Das Originalrezept sieht weder Schlagrahm/Schlagsahne noch eine andere Dekoration vor.

Portwein/Porto

Aperitif und Dessertwein aus Porto/Portugal. Während der Gärung wird dem Portwein/Branntwein zugesetzt, mit dem Ziel, dass der natürliche Zucker nicht gänzlich in Alkohol umgewandelt wird. Deshalb ist der Portwein meistens süßer als andere Weine, obwohl es auch hier trockene, halbtrockene und süße Sorten gibt.

Pürieren

Rohe und gekochte Beeren und Früchte im Mixglas oder mit dem Stabmixer zu einer dickflüssigen Masse verarbeiten.

Quark

Rahm-/Sahnequark, Halbfett- und Magerquark ist in allen Lebensmittelläden erhältlich. Reformhäuser, Bio- und Spezialläden bieten auch Frischquark aus Frischmilch an. Ein Versuch lohnt sich. Frischquark ist von sämiger Konsistenz und hat ein feines Aroma.

Sauberkeit

Geräte und Küchenutensilien müssen absolut sauber sein (siehe Keimvermehrung). Deshalb sämtliches «Werkzeug» vor Gebrauch heiß abspülen.

Sherry

Als Aperitif- und Dessertwein weltweit bekannter Weißwein aus Andalusien/Spanien. Die Stadt Jerez de la Frontera (alte Schreibweise: Xérès) gab ihm seinen Namen. Man bekommt ihn von trocken (Fino) bis süß und sehr süß (Rich Cream). Er ist beliebt zum Parfümieren von Halbgefrorenem (Zabaione).

Sliwowitz
Destillat aus süßen Pflaumen

Spitzsieb, Chromstahl
Ideal zum Passieren (Durchdrücken) von Fruchtpürees, mit dem Ziel Fruchtsteinchen, Häutchen usw. vom Fruchtmus/-saft zu trennen. Zum Durchdrücken eignet sich ein robuster Suppen- oder Saucenlöffel.

Spoom
Sorbet mit Eischnee. Das fast gefrorene Sorbet wird mit leicht gesüßtem Eischnee vermischt. Spoom in einen Spritzbeutel füllen und in hohe Gläser spritzen.

Temperatur der Zutaten
Alle Zutaten sollen die gleiche Temperatur (Kühlschranktemperatur) haben. Erhitzte oder gekochte Lebensmittel zugedeckt bei Raumtemperatur auskühlen lassen und dann für rund 2 Stunden in den Kühlschrank stellen (Fruchtpüree/Fruchtmark kann man auch für kurze Zeit in den Tiefkühler stellen). Vorteil: Die Zutaten binden besser, man erhält ein Eis von feinerer Beschaffenheit. Der Gefrierprozess wird verkürzt.

Tiefkühlgerät
Zum Aufbewahren von Eis ist eine Temperatur von mindestens – 18 °C notwendig.

Wald- und Wildbeeren
Wegen Infektionsgefahr (Fuchsbandwurm) vor dem Pürieren unbedingt auf 70 °C erhitzen. Weitere Verarbeitung: siehe «Fruchtmark aus frischen Früchten».

Williams
Destillat aus der vergorenen Maische der Williamsbirne

Xérès
Siehe Sherry

Zabaione
Schaumcreme mit Südwein, Champagner oder Likör. Weitere Zutaten sind Eigelb und Zucker. Durch das Schlagen im heißen Wasserbad wird aus den drei Zutaten eine luftig-leichte Creme.

Zucker

Für Blütensorbets benötigt man Kristallzucker (weißen Zucker). Für alle übrigen Zubereitungsarten können Zucker oder Honig verwendet werden.

Zuckermenge

Bei Eis, gleich welcher Art, spielt der Zucker eine wichtige Rolle. Zu viel Zucker macht das Eis zu weich, zu wenig Zucker zu hart. Das Eis soll etwas süßer sein, als man es eigentlich wünscht. Korrigiert werden kann bei den «Begleitern» (Fruchtsauce, Fruchtmark, Früchte), die man sparsam oder gar nicht süßt. Beides zusammen, Früchte und Eis, sollen ein harmonisches Ganzes ergeben. Etwas weniger Zucker braucht es, wenn ein Sorbet sofort serviert oder für die Zubereitung Alkohol (Likör, Branntwein oder Schnaps) verwendet wird. Alkohol macht Eis weicher.

Zusatzstoffe

Selbst gemachtes Eis ist frei von Zusatzstoffen. In der industriellen Produktion werden folgende Hilfsstoffe eingesetzt: Aroma- und Geschmacksverstärker, Konsistenzverbesserer (damit das Eis cremig bleibt und auf der Zunge zergeht), Stabilisatoren, Emulgatoren, optische Verbesserer (Farbstoffe) usw.

Rezepte

Sorbets aus Beeren

Erdbeer-sorbet

◆ ca. 500 g gut reife Erdbeeren oder 4 dl/400 ml Erdbeerpüree ◆ 1 Zitrone (Saft) ◆ 100–120 g Zucker, je nach Süße der Beeren

1. Die Beeren waschen, entstielen und je nach Größe zerkleinern. Die Früchte pürieren und durch ein Sieb streichen. Einen Kaffeelöffel der Steinchen dem Püree wieder zugeben.
2. Das Erdbeerpüree mit den übrigen Zutaten verrühren. Im Kühlschrank oder im Tiefkühler vorkühlen.
3. Die Sorbetmasse in die laufende Eismaschine gießen und gefrieren lassen. Gefrierzeit: 20 bis 25 Minuten.

Abbildung nebenan

sorbet

Himbeer-sorbet

◆ ca. 500 g Himbeeren oder 4 dl/400 ml Himbeerpüree, ◆ wenig Himbeerlikör (für Kinder weglassen) ◆ 1 Zitrone (Saft) ◆ 100–120 g Zucker

1. Die Beeren pürieren und durch ein Sieb streichen.
2. Das Himbeerpüree mit den übrigen Zutaten verrühren. Im Kühlschrank oder Tiefkühler vorkühlen.
3. Die Sorbetmasse in die laufende Eismaschine gießen und gefrieren lassen. Gefrierzeit: 20 bis 25 Minuten.

Abbildung Seite 21

Johannisbeer-sorbet

◆ 600 g gut reife süße Johannisbeeren oder 4 dl/400 ml Johannisbeerpüree ◆ 150–170 g Zucker

1. Die Beeren samt Rispen waschen, dann die Beeren abstreifen.
2. Zubereitung: siehe Himbeersorbet.

Brombeer-sorbet

◆ 600 g gut reife Brombeeren oder 4 dl/400 ml Brombeerpüree ◆ wenig Brombeerlikör (für Kinder weglassen) ◆ 120–150 g Zucker, je nach Süße der Früchte

Zubereitung: siehe Himbeersorbet, Seite 18.
Tipp: Wenn man die Brombeeren vor dem Pürieren aufkocht, bekommt das Sorbet eine schönere Farbe.
Variante: Heidelbeer-/Blaubeersorbet mit gleichen Zutaten und gleicher Zubereitung.

Abbildung nebenan

Sorbet aus Schwarzen Holunderbeeren

◆ 2,5 dl/250 ml Holunderbeersirup ◆ 1/2 dl/50 ml Holunderbeerlikör ◆ 1 dl/100 ml Wasser ◆ 1/2 Zitrone (Saft)

Holunderbeersirup

ergibt zirka 3/4 Liter Sirup

◆ ca. 1,5 kg Holunderbeerdolden (1 kg entstielte Beeren) ◆ 1 dl/100 ml Wasser ◆ 500 g Zucker

Holunderbeerlikör

◆ ca. 1,5 kg Holunderbeerdolden (1 kg entstielte Beeren) ◆ 150 g Zucker ◆ 9 dl/900 ml klarer Holunderschnaps (je Liter Fruchtsaft)

1. **Sirup:** Die Holunderdolden waschen, die Beeren abstielen. Die Beeren mit dem Wasser in einem großen Topf aufkochen, bei kleiner Hitze 20 Minuten köchein lassen. Den Topfinhalt durch ein Sieb oder ein feines Tuch passieren, die Beeren leicht ausdrücken, den Saft auffangen. Den Holundersaft zusammen mit dem Zucker aufkochen, auskühlen lassen.
2. **Likör:** Die Holunderbeeren mit dem Zucker in einem großen Topf aufkochen, 1 Stunde stehen lassen. Den Topfinhalt durch ein Sieb ▷

Himbeersorbet (vorn), Rezept Seite 18,
Brombeersorbet, Rezept oben

oder ein feines Tuch passieren, die Beeren leicht ausdrücken, den Sirup auffangen und auskühlen lassen. Mit dem klaren Holunderschnaps verrühren. In Flaschen abfüllen.
3. **Sorbet**: Holunderbeersirup, -likör, Wasser und Zitronensaft gut verrühren. Im Kühlschrank oder im Tiefkühler vorkühlen.
4. Die Sorbetmasse in die laufende Eismaschine gießen. Gefrierzeit: 20 bis 25 Minuten.
Holunderbeeren: dunkelviolette, kugelige Beeren. Schmecken herb und süß-säuerlich. Erntezeit August bis September.

Stachelbeer-sorbet

◆ 600–700 g gut reife Stachelbeeren oder 4 dl/400 ml Stachelbeerpüree ◆ 150 g Zucker

Zubereitung: siehe Himbeersorbet, Seite 18

Schlehen/Schlehdornbeeren-sorbet

◆ ca. 600 g Schlehen/Schlehdornbeeren (2,5 dl/250 ml Saft) ◆ 2,5 dl/250 ml Wasser ◆ 150–200 g Zucker

1. Die gewaschenen Früchte in eine Schüssel geben und mit Wasser knapp bedecken. Über Nacht in den Kühlschrank stellen.
2. Das Einweichwasser weggießen. Die Früchte zusammen mit dem Wasser (2,5 dl/250 ml) aufkochen, 10 Minuten bei kleiner Hitze köcheln lassen. Den Topfinhalt durch ein Sieb passieren, die Früchte leicht ausdrücken, den Saft auffangen.
3. Saft und Zucker gut verrühren. Die Sorbetmasse bei Zimmertemperatur auskühlen lassen. Zum Vorkühlen in den Kühlschrank oder Tiefkühler stellen.
4. Den gekühlten Saft in die laufende Eismaschine gießen und gefrieren lassen. Gefrierzeit: 20 bis 25 Minuten.

Schlehen/Schlehdornbeeren: Werden auch Schwarzdorn, Sauerpflaume, Heckendorn, Hageldorn, Steckdorn genannt. Es handelt sich um eine kugelige blauschwarz gefleckte saftige Steinfrucht mit grünem Fruchtfleisch und einem großen Steinkern. Erntezeit: nach den ersten Frostnächten im Herbst.

Sorbets aus Früchten (ohne Beeren)

Aprikosen-/Marillen-sorbet

◆ 400 g sonnengereifte süße Aprikosen/Marillen ◆ 1,5 dl/150 ml Wasser ◆ 1/2 Zitrone (Saft) ◆ 1/2 Vanilleschote, aufgeschlitzt, Mark ausgekratzt ◆ 150 g Zucker ◆ einige Spritzer Abricotine (Aprikosenschnaps) nach Belieben

1. Die Aprikosen waschen, halbieren und entsteinen. Die Früchte zerkleinern.
2. Aprikosen, Wasser, Zitronensaft, Vanilleschote und -mark sowie Zucker aufkochen. Die Aprikosen bei geringer Hitzezufuhr weich garen. Den Topfinhalt pürieren und durch ein Sieb streichen. Das Püree auskühlen lassen und im Kühlschrank oder im Tiefkühler vorkühlen. Aprikosenschnaps unterrühren.
4. Die Fruchtmasse in die laufende Eismaschine gießen und gefrieren lassen. Gefrierzeit: 20 bis 25 Minuten.

sorbet

Pfirsich-sorbet

◆ 400 g gut reife gelbe oder weiße Pfirsiche ◆ 1,5 dl/150 ml Wasser ◆ 1/2 Vanilleschote, aufgeschlitzt, Mark ausgekratzt ◆ 1/2 Zitrone (Saft) ◆ 100–150 g Zucker, je nach Süße der Früchte

Zubereitung: siehe Aprikosensorbet

Zwetschgen-sorbet

◆ 400 g gut reife Zwetschgen ◆ 1,5 dl/150 ml Wasser ◆ 1/2 Vanilleschote, aufgeschlitzt, Mark ausgekratzt ◆ 1/2 Zitrone (Saft) ◆ 150 g Zucker ◆ einige Spritzer Pflaumenwasser oder Sliwowitz

Zubereitung: siehe Aprikosensorbet

Mirabellen-sorbet

◆ 400 g gut reife Mirabellen ◆ 150 ml/1,5 dl Wasser ◆ 1/2 Zitrone (Saft) ◆ 150 g Zucker ◆ einige Spritzer Mirabellenschnaps nach Belieben

1. Mirabellen waschen, halbieren und entsteinen.
2. Mirabellen, Wasser, Zitronensaft und Zucker aufkochen, die Früchte bei kleiner Hitze weich kochen. Den Topfinhalt pürieren und durch ein Sieb streichen. Das Püree auskühlen lassen, dann im Kühlschrank oder im Tiefkühler vorkühlen. Schnaps unterrühren.
3. Die Sorbetmasse in die laufende Eismaschine gießen und gefrieren lassen. Gefrierzeit: 20 bis 25 Minuten.

Birnen-sorbet

◆ 400 g gut reife Birnen, z. B. Williams-Birnen ◆ 1/2 Zitrone (Saft) ◆ 1 dl/100 ml Wasser ◆ 150 g Zucker ◆ einige Spritzer Williamsschnaps nach Belieben

1. Das Wasser mit dem Zucker aufkochen, abkühlen lassen.
2. Die Birnen schälen, halbieren und entkernen. Den Stielansatz und das Kerngehäuse keilförmig herausschneiden. Die Früchte zerkleinern und sofort (damit die Birnen nicht braun werden) mit sämtlichen Zutaten pürieren. Den Williamsschnaps unterrühren. Das Püree im Kühlschrank oder im Tiefkühler vorkühlen.
3. Die Sorbetmasse in die laufende Eismaschine gießen und gefrieren lassen. Gefrierzeit: 20 bis 25 Minuten.

Melonen-sorbet

◆ 1 reife Honig-, Netz- oder Zuckermelone oder 300 g Melonenfleisch ◆ 1/2 Zitrone (Saft) ◆ 100 ml/1 dl Wasser ◆ 150 g Zucker

1. Melone halbieren und entkernen. Fruchtfleisch herauslösen.
2. Weitere Zubereitung: siehe Birnensorbet (oben).

Abbildung nebenan

Orangen-sorbet

◆ ca. 600 g saftige Blut- oder Blondorangen oder 400 g Orangenfilets ◆ 150 g Zucker

1. Die Orangen mit einem Messer großzügig schälen. Die Fruchtfilets aus den Trennwänden lösen, die Kerne entfernen.
2. Das Fruchtfleisch im Mixerglas zerkleinern. Zucker unterrühren.
3. Die Fruchtmasse im Kühlschrank oder im Tiefkühler vorkühlen.
4. Das Orangenpüree in die laufende Eismaschine gießen und gefrieren lassen. Gefrierzeit: 20 bis 25 Minuten.

Kiwi-sorbet

◆ 3–4 sehr reife Kiwis oder 2,5 dl/250 ml Kiwimark ◆ 1 dl/100 ml Zitronensaft ◆ 1 dl/100 ml Wasser ◆ 180 g Zucker

1. Die Kiwis schälen und halbieren. Den Stielansatz großzügig herausschneiden. Die Früchte in einem Messbecher mit einer Gabel zerdrücken und abmessen. Den Zitronensaft unterrühren, damit die Kiwis ihre natürliche grüne Farbe behalten.
2. Das Kiwimark mit dem Wasser und dem Zucker pürieren. Im Kühlschrank oder im Tiefkühler vorkühlen.
3. Die gekühlte Fruchtmasse in die laufende Eismaschine gießen und gefrieren lassen. Gefrierzeit: 20 bis 25 Minuten.

Kirsch-sorbet

◆ 4 dl/400 ml Wasser ◆ 200 g Zucker ◆ 150–200 g reife Kirschen oder 100 g entsteinte, fein gehackte Kirschen ◆ einige Spritzer Kirschwasser

1. Das Wasser mit dem Zucker aufkochen. Abkühlen lassen.
2. Den Zuckersirup mit den Kirschen und dem Kirsch verrühren. Im Kühlschrank oder im Tiefkühler vorkühlen.
3. Die Fruchtmasse in die laufende Eismaschine gießen und gefrieren lassen. Gefrierzeit: 20 bis 25 Minuten.

Abbildung nebenan

Sorbets auf Blütenbasis

Rosenblüten-
sorbet

◆ 2,5 dl/250 ml Weißwein (Riesling x Sylvaner) ◆ 1 dl/100 ml Wasser ◆ 1 Zitrone (Saft) ◆ 50 g Zucker ◆ 50 g Traubenzucker ◆ 40 g Kartoffelrosenblütenblätter (vom Rosenzierstrauch Rosa rugosa), bei Sonnenschein gepflückt

1. Die Rosenblüten an einem sonnigen, warmen Morgen pflücken. Die Blütenblätter vom Blütenstängel zupfen. Den Blattansatz wegschneiden, da er bitter schmeckt. Am besten macht man dies, indem man mit der Hand alle Blütenblätter auf einmal von der Blüte abdreht und dann mit einer sauberen Schere den weißen Blattanatz aller Blätter auf einmal abschneidet. Dann breitet man die einzelnen Blütenblätter aus und säubert sie mit einem Pinsel von anhaftenden Insekten.
2. Wein, Wasser, Zitronensaft und Zucker verrühren. Die Rosenblütenblätter zugeben. Zugedeckt einen Tag stehen lassen.
3. Die Flüssigkeit durch ein feines Tuch oder ein Spitzsieb gießen und gut ausdrücken. Die Rosenflüssigkeit im Kühlschrank oder Tiefkühler vorkühlen.
4. Die gekühlte Flüssigkeit in die laufende Eismaschine gießen und gefrieren lassen. Gefrierzeit: 25 bis 30 Minuten.

Rosenzierstrauch: Blütezeit ist Juni/Juli. Die Blüten können rosa, hellrosa bis weiß sein. Für die Küche nur Rosen von ungespritzten Pflanzen verwenden.

Frühlingsblumen-
sorbet

◆ 4 dl/400 ml Wasser ◆ 150 g Zucker ◆ 2 Gramm Waldmeisterblüten ◆ 1 Hand voll Schlüsselblumenblüten ◆ 10 Wildrosenblütenblätter, siehe Seite 28 ◆ 1 Löwenzahnblume, davon gezupfte Blütenblätter ◆ 1/2 Zitrone (Saft)

1. Das Wasser mit dem Zucker aufkochen. Abkühlen lassen.
2. Den Zuckersirup über die Blüten und die Blütenblätter gießen. Zitronensaft zugeben. Zugedeckt einen Tag stehen lassen. Abseihen.
3. Die Flüssigkeit im Kühlschrank vorkühlen.
4. Das gekühlte Blütenwasser in die laufende Eismaschine gießen und gefrieren lassen. Gefrierzeit: 25 bis 30 Minuten.

Holunderblüten-
sorbet

◆ 3,75 dl/375 ml Holunderblütensekt ◆ 1,75 dl/175 ml Holunderblütensirup ◆ 1/2 dl/50 ml Zitronensaft

Holunderblütensirup

◆ 1/2 l Wasser ◆ 750 g Zucker ◆ 1/2 Zitrone, in feinen Scheiben ◆ 80 g Holunderblüten, bei Sonnenschein gepflückt

1. Für den Holunderblütensirup Wasser, Zucker und Zitronenscheiben aufkochen. Die Flüssigkeit über die Holunderblüten gießen, in den Topf zurückgießen, abermals aufkochen. Den Topfinhalt durch ein feines Tuch oder Sieb passieren, gut ausdrücken. Den Sirup in Flaschen abfüllen.
2. Für das Sorbet sämtliche Zutaten gut verrühren. Im Kühlschrank oder Tiefkühler vorkühlen.
3. Die gekühlte Flüssigkeit in die laufende Eismaschine gießen und gefrieren lassen. Gefrierzeit: 25 bis 30 Minuten.

Holunder: Blütezeit der gelblich-weißen, stark aromatisch duftenden Blüten ist der Monat Juni.

Frühlingsblumen-sorbet

◆ 4 dl/400 ml Wasser ◆ 150 g Zucker ◆ 2 Gramm Waldmeisterblüten ◆ 1 Hand voll Schlüsselblumenblüten ◆ 10 Wildrosenblütenblätter, siehe Seite 28 ◆ 1 Löwenzahnblume, davon gezupfte Blütenblätter ◆ 1/2 Zitrone (Saft)

1. Das Wasser mit dem Zucker aufkochen. Abkühlen lassen.
2. Den Zuckersirup über die Blüten und die Blütenblätter gießen. Zitronensaft zugeben. Zugedeckt einen Tag stehen lassen. Abseihen.
3. Die Flüssigkeit im Kühlschrank vorkühlen.
4. Das gekühlte Blütenwasser in die laufende Eismaschine gießen und gefrieren lassen. Gefrierzeit: 25 bis 30 Minuten.

Holunderblüten-sorbet

◆ 3,75 dl/375 ml Holunderblütensekt ◆ 1,75 dl/175 ml Holunderblütensirup ◆ 1/2 dl/50 ml Zitronensaft

Holunderblütensirup

◆ 1/2 l Wasser ◆ 750 g Zucker ◆ 1/2 Zitrone, in feinen Scheiben ◆ 80 g Holunderblüten, bei Sonnenschein gepflückt

1. Für den Holunderblütensirup Wasser, Zucker und Zitronenscheiben aufkochen. Die Flüssigkeit über die Holunderblüten gießen, in den Topf zurückgießen, abermals aufkochen. Den Topfinhalt durch ein feines Tuch oder Sieb passieren, gut ausdrücken. Den Sirup in Flaschen abfüllen.
2. Für das Sorbet sämtliche Zutaten gut verrühren. Im Kühlschrank oder Tiefkühler vorkühlen.
3. Die gekühlte Flüssigkeit in die laufende Eismaschine gießen und gefrieren lassen. Gefrierzeit: 25 bis 30 Minuten.

Holunder: Blütezeit der gelblich-weißen, stark aromatisch duftenden Blüten ist der Monat Juni.

Sorbets aus Tee

Pfefferminz-sorbet

◆ 4 dl/400 ml Wasser ◆ 150 g Zucker ◆ reichlich frische Pfefferminzblätter ◆ 1/2 Zitrone (Saft)

1. Das Wasser mit dem Zucker aufkochen, erkalten lassen.
2. So viel Pfefferminzblätter in die Flüssigkeit geben, dass diese mit dem Zuckersirup knapp bedeckt sind. Einen Tag stehen lassen. Abseihen. Zitronensaft zugeben.
3. Die Flüssigkeit im Kühlschrank oder Tiefkühler vorkühlen.
4. Die gekühlte Flüssigkeit in die laufende Eismaschine gießen und gefrieren lassen. Gefrierzeit: 25 bis 30 Minuten.

Zitronenmelisse-sorbet

◆ 4 dl/400 ml Wasser ◆ 150 g Zucker ◆ reichlich frische Zitronenmelisseblätter ◆ 1/2 Zitrone (Saft)

Zubereitung: siehe Pfefferminzsorbet, oben

Lindenblüten-sorbet

◆ 4 dl/400 ml Wasser ◆ 150 g Zucker ◆ 1 Hand voll getrocknete Lindenblüten ◆ 1/2 Zitrone (Saft)

1. Das Wasser mit dem Zucker aufkochen, die Lindenblüten zugeben. Den Topf von der Herdplatte nehmen. Zugedeckt etwa 10 Minuten ziehen lassen. Abseihen.
2. Die Flüssigkeit abkühlen lassen. Den Zitronensaft zugeben. Die Flüssigkeit im Kühlschrank oder Tiefkühler vorkühlen.
3. Die gekühlte Flüssigkeit in die laufende Eismaschine gießen und gefrieren lassen. Gefrierzeit: 25 bis 30 Minuten.

Variante: mit Eisenkraut (Vervaine). Gleiche Zutaten/Mengen, jedoch kein Zitronensaft.

Eis-Farbpalette,
Rezept Seite 53

Sorbets auf Alkoholbasis

Gewürztraminersorbet
oder Sorbet aus Rosé Champagner

◆ 1 dl/100 ml Wasser ◆ 120 g Zucker ◆ 3 dl/300 ml Gewürztraminer/Champagner ◆ 1/2 Zitrone (Saft)

1. Wasser und Zucker aufkochen. Abkühlen lassen.
2. Gewürztraminer/Rosé Champagner und Zitronensaft unter das Zuckerwasser rühren. Die Flüssigkeit im Kühlschrank oder im Tiefkühler vorkühlen.
3. Die gekühlte Flüssigkeit in die laufende Eismaschine gießen und gefrieren lassen. Gefrierzeit: 25 bis 30 Minuten.

Sorbet
aus Marc oder Grappa

◆ 3,5 dl/350 ml Wasser ◆ 100 g Zucker ◆ 1/2 Zitrone (Saft) ◆ 1,5 dl/150 ml Marc oder Grappa

1. Das Wasser mit dem Zucker aufkochen. Abkühlen lassen.
2. Den Zuckersirup mit dem Zitronensaft und dem Marc/dem Grappa verrühren. Im Kühlschrank oder Tiefkühler vorkühlen.
3. Die Flüssigkeit in die laufende Eismaschine gießen und gefrieren lassen. Gefrierzeit: 25 bis 30 Minuten.

Champagner-Zabaione,
Rezept Seite 60

Eiscreme (ohne Eier)

Eiscreme – Grundrezept

- *3 dl/300 ml Milch*
- *1 dl/100 g Rahm/süße Sahne*
- *100 g Zucker*

1. Milch, Rahm und Zucker unter Rühren erhitzen. Nicht kochen.
2. Die Creme im Eiswasser (Wasser mit Eis) unter zeitweiligem Rühren abkühlen lassen.
3. Die Creme im Kühlschrank oder Tiefkühler vorkühlen. Ab und zu umrühren, damit sich keine Haut bilden kann.
4. Die gekühlte Creme in die laufende Eismaschine gießen und gefrieren lassen. Gefrierzeit: 20 bis 25 Minuten.

Vanilleeis: 1 Vanilleschote aufschneiden, das Mark auskratzen und mit den übrigen Zutaten erhitzen. Die Schote nach dem Abkühlen entfernen.

Abbildung nebenan

eiscreme

Erdbeer-eiscreme

- *400 g Erdbeeren oder 3 dl/300 ml Erdbeerpüree*
- *1 dl/100 g Rahm/süße Sahne, gut gekühlt*
- *80–100 g Zucker*

1. Die Erdbeeren waschen, entstielen und je nach Größe zerkleinern. Die Früchte pürieren und durch ein Sieb streichen. 1 Kaffeelöffel der Steinchen wieder zugeben.
2. Das Erdbeerpüree mit dem Zucker verrühren. Im Kühlschrank oder Tiefkühler vorkühlen.
3. Den Rahm unter das Erdbeerpüree rühren.
4. Die Fruchtcreme in die laufende Eismaschine gießen und gefrieren lassen. Gefrierzeit: 25 bis 30 Minuten.

Wiener Kaffee,
Grundrezept oben (Vanilleeis)
und Seite 61

Himbeer-
eiscreme

◆ 500 g Himbeeren oder 3 dl/300 ml Himbeerpüree
◆ 1 dl/100 g Rahm/süße Sahne ◆ 100 g Zucker

1. Die Himbeeren pürieren und durch ein Sieb streichen, ansonsten gleiche Zubereitung wie Erdbeereiscreme, Seite 34

Heidelbeer-/Blaubeer-
eiscreme

◆ 400 g Heidelbeeren/Blaubeeren oder 3 dl/300 ml Heidelbeerpüree ◆ 1 dl/100 g Rahm/süße Sahne ◆ 100 g Zucker

Zubereitung: siehe Himbeereiscreme, oben

Waldhonig-
eiscreme

Den Zucker durch Waldhonig ersetzen, ansonsten gleiche Zutaten wie Eiscreme-Grundrezept

Zubereitung: siehe Eiscreme-Grundrezept, Seite 34

Schokoladen-
eiscreme

◆ 250 g helle Couverture ◆ 1/2 l Milch ◆ 100 g Zucker
◆ 1 dl/100 g Rahm/süße Sahne

1. Die Couverture grob hacken.
2. Die Milch mit dem Zucker aufkochen. Den Topf von der Herdplatte nehmen. Couverture zugeben und unter Rühren zergehen lassen. Die Creme unter häufigem Rühren etwas abkühlen lassen. Sie soll noch lauwarm sein.
3. Den Rahm unter die Schokoladencreme rühren.
4. Schokoladencreme in die laufende Eismaschine geben und gefrieren lassen. Gefrierzeit: 30 bis 35 Minuten.

Schokoladeneis mit Knusper-Banane,
Rezept Seite 58

Brombeer-
eiscreme

◆ 400–450 g Brombeeren oder 3 dl/300 ml Brombeerpüree
◆ 1 dl/100 g Rahm/süße Sahne ◆ 100 g Zucker

1. Für eine schöne Farbe die Brombeeren einmal aufkochen, pürieren und durch ein Sieb streichen. Den Zucker unterrühren. Abkühlen lassen.
2. Das Fruchtpüree im Kühlschrank oder im Tiefkühler vorkühlen.
3. Den Rahm unter das Brombeermark rühren.
4. Die Fruchtcreme in die laufende Eismaschine gießen und gefrieren lassen. Gefrierzeit: 25 bis 30 Minuten.

Schoko: + 50 g Schokokuvertüre o. Schokolade

Eiscreme, klassisch (auf Eibasis)

Nougateis + ca. 50 g Nougat + Haselnüsse

Vanille-
eiscreme

Mengen versch.

◆ 3 Eigelb von Freilandeiern ◆ 100 g Zucker 75
125 *◆ 2,5 dl/250 ml Milch ◆ 1 Vanilleschote, aufgeschlitzt, Mark ausgekratzt ◆ 3 dl/300 g Rahm/süße Sahne oder Crème double* 2

2 EL Vanillez

1. Das Eigelb mit dem Zucker zu einer dickflüssigen Creme rühren.
2. Milch, Vanilleschote und -mark erhitzen. Die Vanilleschote entfernen. Die Vanillemilch unter ständigem Rühren zur Eigelbmasse geben. Die Creme in den Topf zurückgießen, unter ständigem Rühren bei kleiner Hitze köcheln lassen, bis sie bindet. Keinesfalls kochen, da die Creme gerinnen würde.
3. Die Vanillecreme im Eiswasser (Wasser mit Eiswürfeln) unter häufigem Rühren abkühlen lassen.
4. Die Creme zum Vorkühlen in den Kühlschrank stellen. Öfters umrühren, damit sich keine Haut bilden kann.
5. Den Rahm unter die Creme rühren. Die Creme in die laufende Eismaschine gießen und gefrieren lassen. Gefrierzeit: 25 bis 30 Minuten.

Mohn-
eiscreme

1 EL Mohnsamen anstelle der Vanilleschote,
ansonsten gleiche Zutaten wie Vanilleeiscreme, Seite 38

Zubereitung: siehe Vanilleeiscreme, Seite 38. Mohnsamen mit der Milch erhitzen.

Grüne Nuss-
eiscreme

◆ 1/2 l Milch ◆ 150 g erntefrische Baumnüsse/Walnüsse, ca. 50 g gehackte Nüsse ◆ 5 Eigelbe von Freilandeiern ◆ 100 g Zucker

1. Die reifen Nüsse aus der Schale brechen und hacken.
2. Die Milch erhitzen, die Nüsse beigeben. Auf der ausgeschalteten Herdplatte 10 Minuten ziehen lassen.
3. Das Eigelb mit dem Zucker zu einer dickflüssigen Creme rühren. Die Milch mit den Nüssen unterrühren. Die Creme in den Topf zurückgießen, bei kleiner Hitze unter ständigem Rühren köcheln lassen, bis die Creme bindet. Nicht kochen, sonst gerinnt die Creme!
4. Die Creme im Eiswasser (Wasser mit Eiswürfeln) unter Rühren abkühlen lassen.
5. Die Nusscreme im Kühlschrank vorkühlen. Öfters umrühren, damit sich keine Haut bilden kann.
6. Die Creme in die laufende Eismaschine gießen und gefrieren lassen. Gefrierzeit: 25 bis 30 Minuten.

Variante: Es können auch getrocknete Nüsse oder Haselnüsse verwendet werden. In diesem Fall die Nüsse rösten (das macht sie aromatischer) und fein hacken.

Eiscreme mit Quark

Fruchtiges Quarkeis

◆ 200 g Zucker ◆ 3,5 dl/350 ml Fruchtpüree ◆ 1 Zitrone (Saft) ◆ 250 g Rahm-/Sahnequark oder Frischmilch-/Vollmilchquark

1. Fruchtpüree: siehe Fruchtsorbets
2. Sollte der Frischquark leicht körnig sein, diesen zusammen mit wenig Fruchtmark pürieren. Sämtliche Zutaten verrühren.
3. Den Fruchtquark im Kühlschrank vorkühlen.
4. Die Quarkmasse in die laufende Eismaschine geben und gefrieren lassen. Gefrierzeit: 25 bis 30 Minuten.

eiscreme

Vanille-Quarkeis

◆ 200 g Zucker ◆ 3,5 dl/350 ml Milch ◆ 1 Vanilleschote, aufgeschlitzt, Mark ausgekratzt ◆ 250 g Rahm-/Sahnequark oder Frischmilch-/Vollmilchquark

1. Zucker, Milch, Vanilleschote und -mark erhitzen. Die Vanillemilch im Eiswasser (Wasser mit Eiswürfeln) unter öfterem Rühren abkühlen lassen. Die Vanilleschote entfernen.
2. Sollte der Frischquark leicht körnig sein, diesen zusammen mit wenig Vanillemilch pürieren. Quark mit der restlichen Vanillemilch glatt rühren.
3. Vanillequark in die laufende Eismaschine geben und gefrieren lassen. Gefrierzeit: 30 Minuten.

Brombeerschale mit Quarkeis,
Rezept Seite 55

Jogurt-Eiscreme

Fruchtiges Jogurteis

◆ 500 g Jogurt, natur ◆ 1 dl/100 ml beliebiges Fruchtpüree ◆ 170 g Zucker

1. Fruchtpüree: siehe Fruchtsorbets
2. Jogurt, Fruchtpüree und Zucker verrühren. Die Jogurtmasse im Kühlschrank 30 Minuten vorkühlen.
3. Jogurtmasse in die laufende Eismaschine gießen und gefrieren lassen. Gefrierzeit 25 bis 30 Minuten.

eiscreme

Rhabarber-Jogurteis

◆ 350 g Rhabarber ◆ 75 g Erdbeeren ◆ 150 g Zucker ◆ 1,25 dl/125 ml Wasser ◆ 125 g Jogurt, natur

1. Die Rhabarberstängel nicht schälen, grob würfeln. Die Erdbeeren entstielen und zerkleinern.
2. Rhabarber, Erdbeeren, Zucker und Wasser aufkochen, die Früchte bei kleiner Hitze zerfallen lassen. Den Topfinhalt pürieren und durch ein Spitzsieb streichen. Auskühlen lassen.
3. Den Jogurt unter das Fruchtpüree rühren, im Kühlschrank oder im Tiefkühler vorkühlen.
4. Das gekühlte Püree in die laufende Eismaschine gießen und gefrieren lassen. Gefrierzeit: 25 bis 30 Minuten.

Karamell-Jogurteis

◆ 250 g Zucker ◆ 2–3 EL Wasser ◆ 1,25 dl/125 ml Milch oder Wasser ◆ 500 g Jogurt, natur

1. Den Zucker karamellisieren: siehe auch Eis-Abc, Seite 12. Sobald der Zucker flüssig und von hellbrauner Farbe ist, zuerst das Wasser, ▷

Fruchtspießchen mit Mirabellensorbet, Rezept Seite 56

dann die Milch angießen, köcheln lassen, bis sich der Karamell vollständig aufgelöst hat.
2. Den Karamell im Eiswasser (Wasser mit Eiswürfeln) unter häufigem Rühren auskühlen lassen. Den Jogurt unterrühren.
3. Die Karamellmasse im Kühlschrank vorkühlen.
4. Die gekühlte Creme in die laufende Eismaschine gießen und gefrieren lassen. Gefrierzeit: 25 bis 30 Minuten.

Kinderdesserts

eiscreme

Eis-Spaghetti

◆ 1 Rezeptmenge Vanilleeiscreme, Seite 34 ◆ Fruchtpüree ◆ geriebene Nüsse nach Belieben

1. Das Vanilleeis in eine Vermicelli-Presse oder ins Spätzlesieb füllen. Auf vorgekühlte Teller Spaghetti drehen/drücken. Oder das Vanilleeis in einen Spritzsack mit feiner Lochtülle füllen und spaghettiähnliche Fäden auf die Teller spritzen. Mit der Fruchtsauce umgießen. Mit geriebenen Nüssen bestreuen.

Geburtstagsclown

◆ weiße und dunkle Couverture ◆ pro Kind 2 Kugeln Eis nach Wahl ◆ bunte Fruchtgelees ◆ Eiscornets/Eiswaffeln

1. Weiße und dunkle Couverture im Wasserbad schmelzen und separat in selbstgemachte Papiertüten füllen. Papierspitze wegschneiden. Den Tellerrand je nach Anlass damit verzieren. Kragenspitzen mit brauner Schokolade zeichnen.
2. Sobald die Schokolade trocken ist, mit bunten Fruchtgelees ausfüllen. 2 Eiskugeln aufeinandersetzen. Die Eiscornets als Hüte verwenden. Mit der Schokolade Augen, Nase und Mund zeichnen. Fertig ist die Überraschung!

Abbildung nebenan

Happy Birthday
Michel

Parfaits (Halbgefrorenes)

Beeren-parfait

◆ 4 Eigelbe von Freilandeiern ◆ 130 g Zucker ◆ 1/2 l Beerenpüree ◆ 1 KL Beerenschnaps, z. B. Himbeergeist für Himbeerparfait ◆ 2,5 dl/250 g Rahm/süße Sahne

1. Beerenpüree: siehe Fruchtsorbets
2. Eigelbe, Zucker und etwa 1 dl/100 ml Beerenpüree im heißen Wasserbad zu einer dickflüssigen Creme rühren.
3. Die Eimasse im Eiswasser (Wasser mit Eiswürfeln) kalt rühren.
4. Restliches Beerenpüree, Schnaps und steif geschlagenen Rahm unter die Eimasse rühren.
5. Die Parfaitmasse in Portionenförmchen oder in eine geeignete Tiefkühldose füllen. Im Tiefkühler fest werden lassen. Gefrierzeit: 4 bis 5 Stunden.

parfait

Schokoladen-parfait

◆ 100 g Zucker ◆ 3 Eigelbe von Freilandeiern ◆ 1,25 dl/125 ml Milch ◆ 200 g helle Couverture, grob gehackt ◆ 2,5 dl/250 g Rahm/süße Sahne ◆ 3 Eiweiße ◆ 1 Prise Salz ◆ wenig Zucker

1. Den Zucker und das Eigelb zu einer dickflüssigen Creme rühren.
2. Die Milch erhitzen, unter ständigem Rühren zur Eicreme geben. Couverture zugeben und unter Rühren schmelzen. Weiterrühren, bis die Masse etwas abgekühlt ist.
3. Den Rahm steif schlagen und unter die Schokoladencreme ziehen.
4. Das Eiweiß mit dem Salz und dem Zucker steif schlagen. Unter die Creme heben.
5. Die Parfaitmasse in Portionenförmchen oder in eine geeignete Tiefkühldose füllen. Im Tiefkühler fest werden lassen. Gefrierzeit: 4 bis 5 Stunden.

Lebkuchen-parfait

◆ 4 Eigelbe von Freilandeiern ◆ 100 g Zucker ◆ 1/2 dl/50 ml Milch ◆ 3/4 EL Lebkuchengewürz ◆ 1/2 EL Zimtpulver ◆ 2 EL Rum ◆ 3,5 dl/350 g Rahm/ süße Sahne ◆ 4 Eiweiße ◆ 1 Prise Salz ◆ 25 g Zucker

1. Eigelb, Zucker und Milch im heißen Wasserbad zu einer dickflüssigen Creme rühren. Die Eimasse im Eiswasser (Wasser mit Eiswürfeln) kalt rühren. Gewürze und Rum unterrühren.
2. Den Rahm steif schlagen und unter die Eicreme ziehen.
3. Eiweiß, Salz, Zucker zu Schnee schlagen, unter die Creme ziehen.
4. Die Parfaitmasse in eine Herzbackform oder in eine beliebige Form oder in Portionenförmchen füllen. Im Tiefkühler fest werden lassen. Gefrierzeit: 4 bis 5 Stunden.

Zimt-parfait

gleiche Zutaten wie Lebkuchenparfait, jedoch Lebkuchengewürz durch Zimtpulver (insgesamt 1 1/4 EL) ersetzen

Zubereitung: siehe Lebkuchenparfait, oben

Parfait à la Williamine

Gleiche Zutaten wie Lebkuchenparfait; Lebkuchengewürz und Zimtpulver durch 3 EL Williams ersetzen.

Zubereitung: siehe Lebkuchenparfait, oben

Parfait au Grand Marnier

Gleiche Zutaten wie Lebkuchenparfait; Lebkuchengewürz und Zimtpulver durch 3 EL Grand Marnier ersetzen.

Zubereitung: siehe Lebkuchenparfait, oben

Parfait à la «Marie Brizard»

Gleiche Zutaten wie Lebkuchenparfait; Lebkuchengewürz durch 3 EL Marie Brizard ersetzen

Zubereitung: siehe Lebkuchenparfait, Seite 47

Löwenzahnblütenhonig-Parfait

◆ 125 g Löwenzahnblütenhonig ◆ 25 g Bienenhonig ◆ 3 Eigelbe von Freilandeiern ◆ 2,5 dl/250 g Rahm/süße Sahne ◆ 3 Eiweiße ◆ 75 g Zucker

Löwenzahnblütenhonig

◆ Löwenzahnblüten (bei Sonnenschein pflücken), für ein Gefäß von einem Liter Inhalt ◆ 1 l Wasser ◆ 1 unbehandelte Zitrone, in Scheiben ◆ 1 kg Zucker

1. Die Löwenzahnblütenblätter zupfen, mit dem Wasser und den Zitronenscheiben aufkochen, bei kleiner Hitze 20 Minuten köcheln lassen. Durch ein feines Tuch oder Sieb passieren, leicht ausdrücken.
2. Das Löwenzahnwasser und den Zucker aufkochen, köcheln lassen, bis das Ganze von honigähnlicher Konsistenz ist. Der Honig ist kühl, dunkel und trocken gelagert über ein Jahr haltbar.
3. Für das Parfait den Löwenzahnblütenhonig und den Bienenhonig erhitzen, unter Rühren zum Eigelb geben. So lange weiterrühren, bis die Masse erkaltet und dickflüssig ist. Den steif geschlagenen Rahm unterziehen.
4. Den Zucker mit dem Eiweiß steif schlagen und unter die Creme ziehen.
5. Die Parfaitmasse in Portionenförmchen oder in einen Eisbehälter füllen und im Tiefkühler fest werden lassen. Gefrierzeit: rund 4 bis 5 Stunden.

Löwenzahnblütenhonig-Parfait
im Karamellnest, Rezept Seite 52

Eistorte

Eine Eistorte kann aus einer oder mehreren Parfaitmassen hergestellt werden, z. B. einer Erdbeer-, Brombeer-, Vanille-, Schokoladenmasse usw. Unsere Eistorte wird aus einer Grundmasse zubereitet. Als Form eignet sich eine Glasschüssel von ca. 20 cm Durchmesser mit geradem Rand.

◆ 4 Eigelbe von Freilandeiern ◆ 130 g Zucker ◆ 1/2 dl/50 ml Wasser ◆ 1,5 dl/150 ml Himbeerpüree ◆ 1,5 dl/150 ml Bromberpüree ◆ 3 dl/300 g Rahm/süße Sahne ◆ 4 Eiweiße ◆ 1 Prise Salz ◆ 20 g Zucker

1. Himbeer- und Brombeerpüree: siehe Fruchtsorbets
2. Eigelbe mit Zucker und Wasser im heißen Waserbad zu einer dickflüssigen Creme rühren. Die Creme im Eiswasser (Wasser mit Eiswürfeln) unter ständigem Rühren abkühlen lassen.
3. Den Rahm steif schlagen, unter die Eimasse ziehen.
4. Eiweiß mit Salz und Zucker zu Schnee schlagen, unter die Eimasse ziehen.
5. Die Eimasse in drei Portionen teilen. Das Himbeer- und das Brombeerpüree mit je einer Portion vermengen.
6. Die drei Parfaitmassen nacheinander in die Schüssel füllen. Im Tiefkühler fest werden lassen. Gefrierzeit: 3 bis 4 Stunden.

Anrichten: Die Schüssel kurz in heißes Wasser tauchen. Den Rand mit einem Messer lösen. Die Eistorte stürzen. Nach Belieben mit Schlagrahm und Früchten garnieren.

Abbildung nebenan

parfait

Eiskreationen

Löwenzahnblütenhonig-
Parfait im Karamellnest

◆ 1 Rezeptmenge Parfait aus Löwenzahnblütenhonig, Seite 49 ◆ 100 g Zucker ◆ wenig Wasser ◆ Pfefferminze für die Garnitur

1. Das Parfait in Portionenförmchen füllen. Im Tiefkühler fest werden lassen.
2. Die Arbeitsfläche mit Zeitungspapier auslegen. Den Rücken eines Schöpflöffels von rund 6 cm Durchmesser mit Öl einpinseln.
3. Zucker karamellisieren: siehe Eis-Abc. Wenig Wasser angießen und den Karamell unter ständigem Rühren auflösen. Die Pfanne von der Herdplatte nehmen. Karamell sofort weiterverarbeiten.
4. Einen Esslöffel in die Karamellmasse tauchen und damit rund 20 cm über dem Rücken des Schöpflöffels Kreise ziehen. Danach den Löffel rechtwinklig zum Schöpflöffelrand in beide Richtungen bewegen. Das Karamellgeflecht sorgfältig lösen und auf Teller legen. Zügig drei weitere Geflechte herstellen.
5. Den Rand der Parfaitförmchen mit einem Messer lösen, die Förmchen kurz in heißes Wasser tauchen, Köpfchen ins Karamellnest setzen. Mit Pfefferminze garnieren.

Abbildung Seite 48

kreativ

Melonenkugeln
mit Porto-Zabaione

◆ 1 Rezeptmenge Porto-Zabaione, Seite 60, in Portionenförmchen ◆ Zitronensaft ◆ Zucker ◆ verschiedene Melonen, z. B. Honigmelone, Wassermelone, Cavaillonmelone

1. Zitronensaft und Zucker verrühren. Die Melonen halbieren, die Kerne entfernen. Mit einem Kugelausstecher kleine Kugeln ausstechen. Im Zitronensaft marinieren. Melonenreste für ein Sorbet verwenden.
2. Mit den Melonenkugeln auf den Tellern einen Kreis bilden. Den Rand des Parfaits mit einem Messer lösen. Die Förmchen kurz in heißes Wasser tauchen, Köpfchen in die Tellermitte stürzen.

Eis-
Farbpalette

Teig
◆ 100 g Weißmehl/Mehl Typ 405 ◆ 100 g Puderzucker
◆ 75 g Eiweiß (ca. 2 Eier) ◆ 1/2 dl/50 ml Milch
◆ 40 g flüssige Butter

◆ Erdbeersorbet, Seite 18 ◆ Holunderbeersorbet, Seite 20
◆ Pfefferminzsorbet, Seite 31 ◆ Brombeersorbet, Seite 20
◆ Rhabarber-Jogurteis, Seite 42 ◆ Vanilleeis (klassisches Rezept), Seite 38

1. Für den Teig Mehl, Puderzucker, Eiweiß und Milch verrühren. Flüssige Butter unterrühren.
2. Ein großes Backblech mit wenig Butter ausstreichen, mit Mehl bestäuben. Den Teig mit einem Backpinsel auf das Blech streichen (4 Platten machen). Mit einem Esslöffel eine runde Öffnung (Griff für die Farbpalette) formen.
3. Die Teigboden im vorgeheizten Ofen bei 200 °C goldgelb backen. Sofort mit dem Spachtel vom Blech nehmen und abkühlen lassen.
4. Eiskugeln auf die Paletten setzen.

Abbildung Seite 30

Eis-
Symphonie

◆ Diverse Sorbets und Eiscremes ◆ Diverse Früchte für die Garnitur, z. B. Himbeeren, Johannisbeeren, Erdbeeren, Melonen, Kiwis ◆ Couverture zum Verzieren

1. Die Beeren ganz lassen. Die Kiwis und die Melone schälen und in Scheiben schneiden, beliebige geometrische Formen ausstechen. Oder kleine Kugeln ausstechen.
2. Für die Verziehrung wenig Couverture im Wasserbad schmelzen. In eine kleine selbstgemachte Papiertüte füllen. Die Papierspitze abschneiden. Beliebige Verzierungen machen.
3. Die Eiskugeln dazu anrichten.

Abbildung Seite 17

Brombeer-
schale mit Vanille-Quarkeis

◆ 1 Rezeptmenge Vanille-Quarkeis, Seite 41
◆ reife, süße Brombeeren ◆ Crème fraîche oder Doppelrahm/ Crème double ◆ Pfefferminzblättchen für die Garnitur

1. Die Crème fraîche in Gläser oder Glasschalen verteilen. Mit den Brombeeren auffüllen. Eine Kugel Vanille-Quarkeis in die Mitte geben. Mit Pfefferminzblättchen garnieren.

Abbildung Seite 40

Japonais
mit Waldhonigeiscreme gefüllt

◆ 4 Eiweiße ◆ 150 g Zucker ◆ 1 Prise Salz
◆ 100 g geriebene Haselnüsse ◆ 50 g Weißmehl/Mehl Typ 405
◆ 50 g Zucker

◆ 1 Rezeptmenge Waldhonigeiscreme, Seite 36
◆ Couverture zum Verzieren

1. Für die Japonais das Eiweiß mit der Prise Salz verquirlen. Den Zucker (150 g) nach und nach zugeben und so lange schlagen, bis das Eiweiß sehr steif ist. Haselnüsse, Mehl und Zucker unterziehen.
2. Die Teigmasse in einen Spritzsack mit Lochtülle füllen. Auf ein gebuttertes und gemehltes Blech oder auf Backpapier spiralenförmig, gleich einer Schnecke, 8 Rondellen von ca. 5 cm Durchmesser spritzen.
3. Japonais im vorgeheizten Ofen bei 180 °C kurz backen. Auskühlen lassen.
4. Auf den Japonaisboden eine Kugel Waldhonigeis geben. Einen zweiten Boden darauf setzen. Vorsicht: das Eiweißgebäck ist sehr zerbrechlich. Eine zweite Kugel Eis darauf setzen.
5. Für die Verzierung wenig Couverture im Waserbad schmelzen. Die flüssige Schokolade in eine kleine selbst gemachte Papiertüte füllen. Die Papierspitze wegschneiden. Das Japonais verzieren.

Abbildung links

Fruchtspießchen
mit Vanillesauce und Mirabellensorbet

1 Rezeptmenge Mirabellensorbet, Seite 25
◆ Saisonfrüchte ◆ Goldmelisse für die Garnitur

Vanillesauce
◆ 1,25 dl/125 ml Milch ◆ 1,25 dl/125 g Rahm/süße Sahne
◆ 1 Vanilleschote, aufgeschlitzt, Mark ausgekratzt
◆ 2 Eigelbe von Freilandeiern ◆ 50 g Zucker

1. Für die Vanillesauce Milch, Rahm, Vanilleschote und Mark erhitzen. Die Vanilleschote entfernen.
2. Das Eigelb mit dem Zucker zu einer dickflüssigen Creme rühren. Die heiße Flüssigkeit unter Rühren zugeben. Die Eicreme in die Pfanne zurückgießen, bei kleiner Hitze unter ständigem Rühren so lange köcheln lassen, bis die Creme leicht bindet. Nicht kochen! Die Creme in eine Schüssel umgießen. Im Eiswasser (Wasser mit Eiswürfeln) unter Rühren abkühlen lassen.
3. Die vorbereiteten Früchte auf Spießchen reihen.
4. Mit der Vanillesauce auf die Teller einen kleinen Spiegel gießen. Spießchen und eine Kugel Mirabellensorbet dazulegen. Mit Goldmelisse garnieren.

Abbildung Seite 43

kreativ

Armagnac-Zwetschgen
mit Jogurteis

1 Rezeptmenge Jogurt-Eiscreme, Seite 42

◆ 500 g reife Zwetschgen ◆ 1 dl/100 ml Rotwein
◆ 1/2 Vanilleschote, aufgeschlitzt ◆ wenig Pfeffer, frisch gemahlen ◆ 60 g Zucker ◆ Armagnc zum Beträufeln
◆ Zitronenmelisse für die Garnitur

1. Die Zwetschgensteine mit dem Stiel eines Holzlöffels aus den Früchten drücken.
2. Rotwein, Vanilleschote, Pfeffer und Zucker erhitzen. Die Zwetschgen beigeben. Bei kleiner Hitze 4 Minuten köcheln lassen,

ab und zu umrühren. Die Pfanne von der Herdplatte nehmen. Die Früchte zugedeckt abkühlen lassen. Die Vanilleschote entfernen.
3. Die Zwetschgen auf 4 Teller verteilen. Mit Armagnac beträufeln. Das Jogurteis mit einem Esslöffel portionieren, d. h. Nocken abstechen, zu den Zwetschgen anrichten. Mit Zitronenmelisse garnieren.

Kirschbeutel
mit Ingwer und Haselnusseis

Strudelteig (reicht für mehr als 4 Beutel)
◆ 180 g Weißmehl/Mehl Typ 405 ◆ 2 EL Öl ◆ 1 KL Essig ◆ 1/2 TL Salz ◆ wenig Wasser

Füllung
◆ 200 g entsteinte Kirschen ◆ 2 EL Zucker ◆ 2 EL geriebene Haselnüsse ◆ 1 EL Paniermehl/Brotbrösel ◆ 1 TL geriebene Ingwerwurzel

◆ frische Kirschen mit Stiel für die Garnitur
◆ 1 Rezeptmenge grüne Nusseiscreme, Seite 39

1. Für den Strudelteig Mehl, Öl, Essig und Salz verrühren. So viel Wasser zugeben und einkneten, bis der Teig von mittelfester Konsistenz ist. Gut kneten. Den Teig bei Zimmertemperatur zugedeckt 30 Minuten ruhen lassen. Dann sehr dünn ausrollen und 4 gleich große Quadrate von 10 cm Seitenlänge schneiden.
2. Sämtliche Zutaten für die Füllung mischen.
3. Die Kirschfüllung in die Mitte der Teigplätzchen geben. Den Teig zu einem Beutel formen, leicht zusammendrücken.
4. Die Kirschbeutel auf ein leicht gebuttertes Blech setzen. Im vorgeheizten Backofen bei 230 °C 10 Minuten backen. Wenn die Beutel zu braun werden, mit Alufolie abdecken.
5. Kirschbeutel auf Tellern anrichten. Eine Kugel Nusseis und frische Kirschen als Garnitur dazugeben.

Schokoladeneis
mit Knusper-Banane

- *2 reife, feste Bananen (1/2 Banane pro Person)*
- *grüner Reis* ◆ *reichlich Bratbutter/Butterschmalz*
- *1 Rezeptmenge Schokoladeneiscreme, Seite 36*

1. Die Bananen schälen, zuerst quer, dann längs halbieren. Rundum kräftig in den grünen Reis drücken. In einer Bratpfanne in reichlich Bratbutter beidseitig braten. Auf Küchenpapier abtropfen lassen.
2. Die Knusper-Bananen mit dem Eis anrichten.

Grüner Reis: Halbreifer, noch grüner Reis wird gequetscht und dann getrocknet. Beim Braten verhält er sich ähnlich wie Popcorn, d. h. die Reiskörner gehen auf. Erhältlich in Feinkostläden.

Abbildung Seite 37

spezielI

Spezialitäten

Eissoufflé

Für die Herstellung eines Soufflés eignet sich eine Parfaitmasse oder eine geeiste Zabaione.

1. Portionenförmchen oder eine große Form «künstlich» vergrößern, indem man einen Papierstreifen umlegt. Ein Pergamentpapier in Streifen schneiden und diesen auf einer Seite mit weicher Butter bestreichen. Den Papierstreifen auf der inneren Seite der Form ankleben (die Butter dient als Klebstoff), und zwar so, dass er 3 bis 4 cm über den Rand der Form reicht.
2. Die Soufflémasse bis fast an den oberen Papierrand einfüllen.
3. Das Soufflé im Tiefkühler fest werden lassen. Gefrierzeit: 3 bis 4 Stunden.
4. Den Papierstreifen vor dem Servieren entfernen. Fruchtsoufflés mit Puderzucker bestäuben, übrige mit Schokoladepulver.

Abbildung nebenan

Geeiste Zabaione auf Weinbasis

Eine einfache und rasche Zubereitungsart. Eine Zabaione ist etwas dünnflüssiger als eine Parfaitmasse. Sie hat einen hohen Schmelzpunkt. Die Zabaione eignet sich sehr gut zum Servieren in Gläsern oder zum Füllen von Puddingformen und Kunststoffbechern.

Porto-Zabaione

◆ 4 Eigelbe von Freilandeiern ◆ 1,25dl/125 ml Portwein ◆ 130 g Zucker ◆ 2,5 dl/250 g Rahm/süße Sahne

1. Eigelbe im heißen Wasserbad cremig rühren.
2. Porto und Zucker aufkochen. Unter ständigem Rühren zum Eigelb geben. Dazu am besten einen Stabmixer verwenden, damit sich die Zutaten gut verbinden.
3. Nun die Eimasse im Eiswasser (Wasser mit Eiswürfeln) unter ständigem Rühren abkühlen lassen.
4. Den Rahm steif schlagen und unter die Creme heben.

Champagner-Zabaione

◆ 3 Eigelbe von Freilandeiern ◆ 1 dl/100 ml Champagner ◆ 100 g Zucker ◆ 1 dl/100 g Rahm/süße Sahne

1. Eigelbe, Champagner und Zucker im heißen Wasserbad dickflüssig rühren.
2. Nun die Eimasse im Eiswasser (Wasser mit Eiswürfeln) unter ständigem Rühren abkühlen lassen.
3. Den Rahm steif schlagen und unter die Eimasse ziehen.

Abbildung Seite 33

Sherry-Zabaione

Gleiche Zutaten wie Porto-Zabaione; Porto durch Sherry ersetzen.

Zubereitung: siehe Porto-Zabaione, oben

Marsala-
Zabaione

Gleiche Zutaten wie Porto-Zabaione, Porto durch Marsala ersetzen.

Zubereitung: siehe Porto-Zabaione, nebenan

speziell

Kaffee-Spezialitäten

Wiener Eiskaffee
in der Tasse

- *1 Kugel Vanilleeis pro Person, Rezept Seite 34 oder 38*
- *Espressokaffee*

Pro Person einen Espresso in eine große Kaffeetasse geben. Eine Kugel Vanilleeis dazugeben. Sofort servieren.

Abbildung Seite 35

Irish-Ice-Coffee
im Glas

- *1–2 Kugeln Vanilleeis pro Person, Rezept Seite 34 oder 38*
- *Whiskey*
- *Rahm/süße Sahne, halb steif geschlagen*
- *Espressokaffee*

Espresso in ein hitzebeständiges Glas geben. Mit dem Whiskey parfümieren. 1 bis 2 Kugeln Vanilleeis dazugeben. Mit dem Rahm garnieren.

Swiss-Ice-Coffee
im Glas

Gleiche Zutaten wie Irish-Ice-Coffee; Whiskey durch Kirsch oder Pflümli (Zwetschgenwasser) ersetzen.